Vente du Mercredi 21 Janvier 1880

HOTEL DROUOT, SALLE N° 8

TAPISSERIES GOTHIQUES

OBJETS D'ART

ET

DE CURIOSITÉ

EXPOSITION PUBLIQUE

Le Mardi 20 Janvier 1880

Me CHARLES PILLET,
COMMISSAIRE-PRISEUR,
10, rue de la Grange-Batelière.

M. CHARLES MANNHEIM,
EXPERT,
7, rue Saint-Georges.

CATALOGUE

DE

TAPISSERIES GOTHIQUES

ET AUTRES

OBJETS D'ART

Sculptures en ivoire; Faïences diverses; Trente Plats en faïence de Rhodes;
Porcelaines de Sèvres, de Saxe et autres;
Bronzes d'ameublement du temps de Louis XV et de Louis XVI;
Objets variés du XVIe siècle, en fer, en émail de Limoges, etc., etc.;
Meubles anciens et modernes; Quelques Peintures.

DONT LA VENTE AURA LIEU

HOTEL DROUOT, SALLE N° 8,

Le Mercredi 21 Janvier 1880,

A deux heures.

Par le ministère de Me **CHARLES PILLET**, Commissaire-Priseur,
10, rue de la Grange-Batelière,

Assisté de **M. CH. MANNHEIM**, Expert, 7, rue Saint-Georges,

Chez lesquels se trouve le présent Catalogue.

EXPOSITITION PUBLIQUE : le Mardi 20 Janvier 1880,

DE UNE HEURE A CINQ HEURES.

CONDITIONS DE LA VENTE

La vente se fait au comptant.

Les acquéreurs paieront *cinq pour cent* en sus des enchères applicables aux frais

L'exposition mettant le public à même de se rendre compte de l'état des objets, il ne sera admis aucune réclamation une fois l'adjudication prononcée.

Paris. — Typ. Pillet et Dumoulin, 5, rue des Grands-Augustins.

DÉSIGNATION DES OBJETS

TAPISSERIES

1 — Grande tapisserie gothique, à sujet allégorique. Haut., 3 m. 10 cent.; larg., 3 m. 50 cent.

2 — Autre tapisserie, représentant également un sujet allégorique. Haut., 3 m. 15 cent.; larg., 1 m. 60 cent.

3 — Autre tapisserie gothique, représentant une scène de repas. Haut., 2 m. 75 cent.; larg., 1 m. 65 cent.

4 — Tapisserie gothique, scène de buveurs. Haut., 2 m. 80 cent.; larg., 1 m. 75 cent.

5 — Autre tapisserie gothique, scène de mariage. Haut., 3 m.; larg., 2 m. 45 cent.

6 — Tapisserie gothique, groupe de personnages en adoration devant une souveraine. Haut., 2 m. 90 cent.; larg., 2 m. 15 cent.

7 — Tapisserie de Flandres, à sujet biblique et bordure à rinceaux et médaillons. Elle est signée V. BRVG-GHEN. Haut., 3 m. 10 cent.; larg., 4 m. 25 cent.

SCULPTURES EN IVOIRE

8 — Ivoire. — Groupe de deux figures représentant la famine. Beau travail flamand du XIIe siècle.

9 — Ivoire. — Belle figure du Christ, debout, les mains liées. Mêmes travail et époque. Haut., 43 cent.

FAIENCES

10 — Deux vases en faïence hispano-mauresque, à fleurettes de couleurs.

11 — Vase en faïence de Nevers, à fond bleu et décor jaune et blanc.

12 — Deux corbeilles rondes en faïence de Nove, à fleurs en relief et supportées par des figures de femmes debout.

13 — Trente assiettes en faïence anglaise, représentant des sujets tirés de l'histoire de l'*Enfant Prodigue* et autres.

14-15 — Dix-sept pièces diverses en faïence : soupière, assiettes, plats, etc.

16-43 — Trente plats en faïence de Rhodes, à décors variés. Ce lot sera divisé.

OBJETS VARIÉS

44 — Petite assiette en émail de Limoges, peinte en grisaille par Penicaud III.

45 — Coffret oblong à couvercle bombé, en fer damasquiné d'or et d'argent et portant la date de 1582.

46 — Étui en fer damasquiné d'or, dessin à damier.

47 — Étui à ciseaux en fer gravé, XVIe siècle.

48 — Coffret en os et ivoire sculpté.

49 — Porte-lumière gothique en cuivre, à deux branches.

50 — Deux flambeaux en bronze doré du XVIIe siècle, composés chacun d'une figure de satyre debout portant un vase.

PORCELAINES DE SÈVRES
ET AUTRES

51 — Grande tasse avec couvercle et soucoupe, en ancienne porcelaine de Sèvres, pâte tendre, fond bleu turquoise et médaillons de paysages.

52 — Grande tasse avec soucoupe, en ancienne porcelaine de Sèvres, pâte tendre décorée d'oiseaux dans des paysages.

53 — Théière et sucrier de mêmes porcelaine et décor.

54 — Trois compotiers ronds, en ancienne porcelaine de Sèvres blanche, pâte tendre.

55 — Assiette creuse de même porcelaine, avec dentelle d'or.

56 — Petit plateau oblong en vieux Sèvres, pâte tendre.

57 — Trois compotiers forme coquille, en porcelaine blanche, dure.

58 — Une saucière, un sucrier et deux raviers en porcelaine dure.

PORCELAINES DE SAXE

ET AUTRES

59 — Cabaret solitaire, en ancienne porcelaine de Saxe, décoré de sujets de chasse finement peints. Il se compose d'un plateau, d'une théière, d'un pot à crème, d'un sucrier et d'une tasse avec soucoupe.

60 — Cabaret en ancienne porcelaine de Vienne, décoré de paysages et de bustes de femmes. Il se compose d'une cafetière, d'un pot à crème, d'un sucrier, de seize tasses et de dix-sept soucoupes.

61 — Petite chocolatière en vieux Saxe, décorée de fleurs en camaïeu vert et or.

62 — Cabaret en ancienne porcelaine de Saxe, décoré de fleurs en camaïeu rose. Il se compose d'une cafetière, une théière, un pot à crème, un sucrier, un bol, un petit plateau et quatre tasses.

63 — Cabaret en ancienne porcelaine anglaise, décoré d'oiseaux dans des paysages. Il se compose d'un plateau ovale, d'une cafetière, d'un sucrier, d'un pot à crème, d'un petit bol et de six tasses.

64 — Deux vases en forme de balustre, en porcelaine moderne de la Chine, à médaillons de personnages et fleurs.

BRONZES D'AMEUBLEMENT

65 — Jolie petite pendule du temps de Louis XVI, en bronze finement ciselé et doré au mat, et à cadran tournant. Elle est supportée par des petites colonnettes à balustre et elle est surmontée d'un dôme découpé à jour. Socle en marbre blanc.

66 — Deux flambeaux du temps de Louis XVI, à trois colonnettes à balustre, en bronze ciselé et doré, sur socles en marbre griotte.

67 — Deux jolis candélabres du temps de Louis XVI, à deux lumières en bronze doré et à figures d'enfants en bronze, l'un d'eux joue du triangle et l'autre du tambourin. Sur socles en marbre blanc.

68 — Deux petits candélabres à trois lumières, composés de branches rocaille en bronze ciselé et doré et enrichis de figurines en porcelaine de Saxe.

69 — Jolie petite pendule composée d'ornements rocaille et de branchages en bronze doré, ces derniers garnis de fleurettes de porcelaine. Elle est enrichie d'un groupe en vieux Saxe, et elle est accompagnée de son étui du temps en maroquin doré au fer. Époque Louis XV.

70 — Encrier formé d'un plateau en laque rouge, et de trois godets en ancien blanc de Chine, avec garniture en bronze doré.

MEUBLES

71 — Petite table à ouvrage du temps de Louis XV, en marqueterie de bois à paysage, fleurs et attributs

72 — Table-bureau de style Louis XVI, en marqueterie de bois à quadrillages et rosaces, richement garnie de bronze ciselé et doré. Travail très soigné.

73 — Table semblable à celle qui précède, mais plus petite.

74 — Table de même style que celle qui précède. Le dessus offre un vase de fleurs.

75 — Petit guéridon rond en bois de placage et chiffre gravé sur ivoire. Galerie en cuivre découpé au pourtour.

76 — Cabinet italien en bois noir et ivoire incrusté, sur table à pieds tournés.

77 — Commode Louis XIV, en bois de noyer à moulures et à contours, garnie de poignées et d'entrées de serrure en bronze et à dessus de marbre.

78 — Petite console à bouts arrondis, en bois d'acajou, sur pieds cannelés, et garnie de quelques ornements de bronze. Époque Louis XVI.

79 — Commode régence, en bois de placage, garnie de chutes, de poignées et d'entrées de serrure modèle rocaille en bronze ciselé. Le dessus de marbre est fracturé.

80 — Grande glace avec cadre en bois sculpté et doré, composé de moulures et de festons de fleurs et surmonté d'ornements rocaille et de fleurs.

81 — Étagère en bois de palissandre, à colonnettes tournées et fond découpé

PEINTURES

82 — Portrait de femme en costume Louis XV. Ecole française. Ovale. Cadre doré.

83 — Quatre panneaux décorés de figures allégoriques et de fleurs sur fond d'or. Ecole moderne.

84 — Tableau ovale. Amour voltigeant tenant une folie de la main gauche. Ecole moderne.

85 — Deux tableaux ovales. Figures de femmes. Ecole moderne.

86 — Miniature ovale sur ivoire. Portrait de femme en costume blanc des premières années de la Restauration.

87 — Autre miniature sur ivoire. Portrait d'homme.

88 — Deux pastels ovales. Portrait de jeune femme et enfant endormi.

89 — Deux portraits de jeunes filles. Ecole française.

90 — Deux grandes aquarelles. Scènes de la vie orientale.

www.ingramcontent.com/pod-product-compliance
Lightning Source LLC
LaVergne TN
LVHW010332230826
846091LV00009B/3833

9782329536545